未来遇见最好的自己

学会爱自己

LEARN TO LOVE YOURSELF

哈尔滨工业大学出版社
HARBIN INSTITUTE OF TECHNOLOGY PRESS

图书在版编目(CIP)数据

学会爱自己：健康. 1 / 燕子主编. — 哈尔滨：哈尔滨工业大学出版社，2015.6
（未来遇见最好的自己）
ISBN 978-7-5603-5354-8

Ⅰ.①学… Ⅱ.①燕… Ⅲ.①健康教育-少儿读物 Ⅳ.①G479-49

中国版本图书馆CIP数据核字（2015）第091214号

未来遇见最好的自己

学会爱自己：健康1

策划编辑	甄淼淼
责任编辑	甄淼淼　李长波
文字编辑	葛文婷　苗　青
装帧设计	麦田图文
美术设计	Suvi zhao　蓝图
出版发行	哈尔滨工业大学出版社
社　　址	哈尔滨市南岗区复华四道街10号　邮编150006
传　　真	0451-86414049
网　　址	http://hitpress.hit.edu.cn
印　　刷	牡丹江邮电印务有限公司
开　　本	889mm×1194mm　1/32　印张4　字数 60千字
版　　次	2015年6月第1版　2015年6月第1次印刷
书　　号	ISBN 978-7-5603-5354-8
定　　价	16.80元

（如因印装质量问题影响阅读，我社负责调换）

前言

当你看到薯片、巧克力、话梅糖时,你是否激动无比、垂涎欲滴?要是那样,你要当心了,别让它们毁掉你或健硕或娇美的体形,还有你那洁白整齐的牙齿。

你会用抓过泥巴的脏手吃东西吗?要是那样,你可要当心了,当心无数的小虫子在你身体里"跳舞",当心它们吞噬你的五脏六腑……

别以为这是吓唬你!当然,或许你现在还想不到为什么疾病总是来"探望"你;或许你现在还不知道那些不良的生活习惯会让健康离你而去……

不要困惑了,快来阅读这本神奇的"健康魔法书"吧。它会帮助你了解健康常识,改掉坏习惯,打造身心健康的你,让你变得更加自信!记住爱自己、爱生活,一切才能更加美好!

在这里我们要感谢曹庆文、钱宏伟、杨福军、李玉梅、张庆亮、张晓丽、史艳双和万杰等多位少儿专家的参与及支持。

目录

喝酒伤害多 6

勤洗手保健康 10

刷牙口气香 14

赢了比赛,输了健康 18

"晕乎乎"的老花镜 22

我敬爱的"老朋友" 26

姑姑的"小跟班" 30

过期食物不要吃 34

学会与别人分享 38

早餐真的很重要 42

饮食讲卫生 46

生食蔬菜不健康 50

打雷啦 54

不在烈日下玩耍 58

肚脐的重要性 62

户外运动 66

碳酸饮料危害大 70

不宜吃生鸡蛋 74

危险的大家伙 78

美丽背后的危险 82

正确选玩具 86

恶作剧要不得 90

均衡膳食身体棒 94

吃饭"三不"宜 98

清洁卫生很重要 102

写字姿势有讲究 106

肩膀上的书包 110

做事要有责任感 114

自信乐观 118

胖的罪魁祸首 122

危险动作请勿模仿 126

喝酒伤害多

学习重点

喝酒伤身；
以水代酒。

最近《水浒传》的电视剧播出了，杨明看到电视里好汉们大口喝酒的画面，觉得非常爽快。

今天吃完晚饭，爸爸的酒杯里正好还剩下一小口酒，杨明决定趁这个机会"尝一尝"。

谁知道，就这么一小口，酒劲这么大！杨明便觉得自己的腿变成了面条，踩在地上，就像踩在了棉花上。

杨明吓坏了，又不敢告诉妈妈，只好坐在椅子上不动，几个小时后，终于恢复了正常，杨明悬着的心才放下了。

专家建议

儿童处于发育阶段,千万不要饮酒,酒精会影响大脑发育,还会伤肝,危害儿童身心健康。

喝酒伤身

孩子们正是长身体的时候,各个内脏器官发育还不够完善,对酒精的解毒能力低,即使喝很少的酒,对智力和肝脏也会有很大的影响。

以水代酒

餐桌上,全家聚会举杯庆祝时,可以以水代酒或者用饮料代酒,这样做,既礼貌又健康。

给孩子的话

成人大量饮酒也会伤害身体健康,所以遇到家中的亲戚、长辈饮酒过量时,要适当提醒劝说。

动脑大闯关

家里举办家庭聚会,大人在喝酒聊天,孩子们在做什么呢?

1 饭桌上,亮亮喝着自己的橙汁。

2 陈天和大人一起喝酒。

3 刘祥向大人要酒喝。

酒后反应全知晓

饮酒过量后会产生哪些不良反应呢？进行一项小测试吧，每答对一项得2分，满分10分，看谁答得又快又准。

❶ 脸发烧。
❷ 口干渴。
❸ 头晕晕。
❹ 舌头僵。
❺ 身体无力。

不良反应

注意事项
不要为了了解饮酒的不良反应而亲身试酒。

训练目的
了解饮酒过量的反应及过度饮酒的危害；
少年儿童不宜饮酒。

能力提升
知识储备能力；
发散思考能力。

勤洗手保健康

学习重点

正确洗手;
勤洗手。

班上来了位新同学,就是我的同桌——小娇。

"很高兴认识你,我叫大帅!"我友好地握住她的手说。

"哇,你把我的手都弄脏了!"小娇嫌弃地叫道。只见小娇的手上确实多了五个黑黑的手指印。

"嘿嘿!我打完球,忘记洗手了!"我不好意思地说。

"人的一只手上可附着数十万个细菌,如果手洗不干净,后果不堪设想。"小娇同学表情夸张地说道。

"那么严重?小题大做!你们女孩子就是娇气。"我不屑地说。

专家建议

我们的手看似很干净,却隐藏着大量细菌,经常洗手能够减少手上细菌的滋生,避免细菌传播,保护我们的身体健康。

✱ 正确洗手 ✱

在流动的清水下,用洗手液或香皂洗手。

双手交叠,多次揉搓,使泡沫均匀地沾满手掌、手背、指缝等部位。

用水把手上的泡沫冲洗干净,并用个人毛巾或一次性纸巾擦干手。

✱ 勤洗手 ✱

养成良好的洗手习惯。例如,饭前便后要洗手;触摸钱币、玩具等物品后要洗手;从外面回来时要洗手;触摸口、鼻前要洗手。

✱ 给孩子的话 ✱

督促身边的父母或同学,注意双手卫生,养成勤洗手的好习惯。

动脑大闯关

图中哪些同学的做法是正确的呢?请你来判断一下吧。

1 李明吃饭前不洗手。

2 小田去完厕所后洗手。

3 李扬玩完皮球直接吃苹果。

手部清洁很重要 健康小讲堂 Game

　　我们的手简直要比搬运工还忙，每天要接触的东西数也数不清，要是说手上有一千条虫子在爬，那也并不夸张。

　　一些疾病，比如沙斯肺炎就是通过手来传播的。患上沙斯肺炎会出现肺部发热、感染、呼吸急促等症状，若不及时就医，则会威胁生命安全。专家认为要全面预防沙斯肺炎，一定要勤洗手。

刷牙口气香

学习重点

正确刷牙；
保护口腔卫生。

"马小闹，你早上吃韭菜了吗？"同桌疑惑地看着我问。

"没有啊！"我摇摇头。

"那你牙上怎么有个韭菜叶呢？"同桌继续追问。

"啊，我想起来了，我昨天吃的韭菜。"我恍然大悟。

"你不刷牙啊？"同桌无奈地问道。

"呵呵，牙刷掉马桶了，所以没刷牙。要不你闻闻，啥味？"我恶作剧地凑了过去。

"离我远点，真受不了你！"同桌做了一个要吐的表情。

专家建议

吃完东西,口腔里会遗留一些食物残渣,如果不及时刷牙,口腔中就会有异味,严重时还会发炎。

✲ 正确刷牙 ✲

我们以往都是横着刷牙,殊不知这样刷牙会有损牙齿。较科学的刷牙方法是顺着牙缝,上牙从上往下刷,下牙从下往上刷,这样能有效地清洁牙缝里的各种食物残渣。

✲ 保护口腔卫生 ✲

我们要养成饭后漱口、早晚刷牙的好习惯。刷牙时要掌握好力度,否则会使牙齿受到伤害,导致牙龈出血等问题。牙齿洁白,口气清新,与别人交流时才更顺畅。

✲ 给家长的话 ✲

家长在为孩子挑选牙膏时,应选择那些含氟低或不含氟的牙膏;且刷完牙要将牙刷清洗干净,牙刷头要朝上放。

动脑大闯关

看看下面几位同学的刷牙情况,谁做得最不好呢?

1 小军自己刷牙。

2 春春不肯刷牙。

3 冲冲刷牙时,把泡沫咽进了肚子里。

你的牙齿健康吗？一起做游戏 Game

你知道应该如何爱护自己的牙齿吗？如何养成良好的爱牙习惯呢？不妨请你说一说。

❶ 正确刷牙。
❷ 少吃糖果。
❸ 睡前不吃食物。
❹ 饭后漱口。

爱牙习惯

注意事项
好的习惯除了靠家长督促，还要靠孩子的自觉性。

训练目的
帮助孩子树立保护牙齿的意识，让孩子明白牙齿的重要性。

能力提升
思考能力；
语言表达能力。

赢了比赛,输了健康

学习重点

运动后喝水害处大;
适当补充淡盐水。

为了替"死党"胡小兵报仇,放学后,我和王浩约好单挑。比赛的内容就是:谁先跑到对面的超市,谁就赢。

王浩是个大块头,别说跑步了,就连走路都是弱项。这次我赢定了。

"比就比!"王浩爽快地答应了。

胡小兵一声"跑!",我箭步如飞,瞬间就跑到了超市。渴死我了,我从冰柜里拿起一瓶矿泉水就喝。

回头看王浩,他正一点一点地挪呢,真是太搞笑了。正在笑他的时候,我肚子突然痛了起来,这是怎么回事?

专家建议

人在运动后会大量出汗,这时候喝水容易加速人体内水分流失,进而引发腹胀、呼吸急促等问题。因此运动后不要立即喝水。

✿ 运动后喝水害处大 ✿

人在运动过后,身体内各个器官仍处在高速运转之中,这时候喝水不容易被人体吸收,还会给身体的各个器官造成负担。

✿ 适当补充淡盐水 ✿

人在运动过后,一般会口渴,适当饮用淡盐水不仅可以补充人在运动过程中丢失的盐分,还可以解决人在运动过后口渴的问题。

✿ 给孩子的话 ✿

水是生命之源,每隔一段时间就要补水,但一次不要喝太多。喝水要看时机,如不要边吃饭边喝水,睡前应尽量少喝水等。

动脑大闯关

你知道什么时候喝水吗?下面图中谁的喝水习惯是正确的呢?

1 小梦从外面回来,流着汗就急着喝水。

2 小伟放学回来,休息了一会再去喝水。

3 娜娜边吃饭边喝水。

运动后的禁忌

运动过后,有哪些事情是不能做的,你知道吗?

注意事项
孩子要积极参与讨论,发表意见。

训练目的
知道运动过后不宜做的事情和如何更快更好地恢复体能。

禁忌事项
1. 马上休息。
2. 立刻洗澡。
3. 立即饮水或喝酒。
4. 吃太多糖。

能力提升
思考理解能力;
语言表达能力。

health

"晕乎乎"的老花镜

---学习重点---

什么是老花镜；
不要随便戴别人的眼镜。

同学们总谈论3D电影有多好看，还有专业的眼镜。有什么了不起的，"没吃过猪肉还没见过猪走"。

我就地取材，爷爷的老花镜。别以为只有电影院才能享受3D电影的大片效果。

我左改右改，在老花镜片上贴上红色糖纸，蓝色糖纸；把镜片拿掉，再贴上红色糖纸，蓝色糖纸……

怎么越戴头越晕，好像看3D电影就是这种感觉。

专家建议

故事中"我"出于好奇戴上老花镜,可戴上后才发现头很晕,这是因为老花镜是为中老年补充视力的,不适合儿童佩戴。

✦ 什么是老花镜 ✦

老花镜又称老视镜,供眼睛老花之人所用的眼镜,属于一种凸透镜。

✦ 不要随便戴别人的眼镜 ✦

我们常常看到的眼镜主要有近视镜、太阳镜、老花镜等,不要随便戴别人的眼镜,一是不卫生,二是容易对眼睛造成伤害。

✦ 给孩子的话 ✦

不要因好奇心,在未经别人允许的情况下,就拿别人的眼镜或是其他物品,这是一种非常不礼貌的行为。

动脑大闯关

通过上面的学习,你知道老花镜的用途了吧。看看下面三位同学的做法对吗?

1 爷爷看报纸,肖童帮爷爷拿来了老花镜。

2 小雷抢爷爷的老花镜戴。

3 笑笑戴老花镜看书。

爱眼常识问答

今天进行一场"爱眼常识问答比赛",如何保护好我们的眼睛呢?大家快来说一说,或是写到下面的方框中。

训练目的

了解眼睛的重要性,学会保护眼睛。

爱眼常识

❶ 不要在强光下看书。

❷ 走路时不看书。

❸ 眼睛累了要休息。

❹ 不要熬夜。

能力提升

语言表达能力;

思考理解能力。

我敬爱的"老朋友"

学习重点

从心底尊敬老人；
懂得关爱老人。

我每次说爷爷是我的老朋友时，都得附带一句，"事先声明我可没说你老啊！"否则爷爷总会问我，"我很老吗？"

因为我出生就认识爷爷了，所以他理所当然是我的老朋友了。

用一句妈妈的话总结：爷爷是个奇怪的老倔头，不过我很喜欢他。他爱我，我也爱他，并从心底尊敬他。

专家建议

不知上面的故事有没有引起你的思考?百善孝为先,作为孩子更要懂得尊重老人、孝敬老人。

✹ 从心底尊敬老人 ✹

我们要从心底尊敬老人。在和老人说话时,不要大吼大叫;与老人意见不同时,不要急着争辩,要认真听老人把话说完。

✹ 懂得关爱老人 ✹

主动关心、体贴老人的生活起居;当老人累了,我们可以为老人捶捶背、揉揉肩等。

✹ 给家长的话 ✹

作为家长要以身作则,多陪老人谈心、散步;当老人生病了,要给予精心的照料,进而营造出良好的家庭氛围。

动脑大闯关

有三位同学是"孝顺小模范",大家快去看看他们在生活中是如何关心长辈的吧。

1 黎强给奶奶一个大苹果。

2 奇奇帮爷爷捶背。

3 肖林给爸爸拿来了拖鞋。

我为老人来"服务" 一起做游戏

日常生活中,你会为家中的老人做哪些事情呢?效果如何呢?和大家一起分享一下吧。

❶ 陪老人聊天。
❷ 端茶,倒水,送药。
❸ 陪老人散步。
❹ 帮老人洗脚。

服务内容

训练目的
学会尊敬老人,关心老人。

能力提升
行为能力;
语言表达能力。

姑姑的"小跟班"

学习重点

学会独立；
学会换位思考。

告诉你个小秘密，小姑恋爱了，一次我偷偷跟着姑姑，发现她和一位叔叔看电影。

姑姑知道我跟着他们，说我是"小跟班"，但那个叔叔倒是很喜欢我。

我和他还有很多小秘密呢，姑姑的一举一动我都向他汇报。叔叔说这叫知己知彼，百战不殆。

专家建议

大人们总有他们的事情要忙,所以作为小屁孩的我们到了该独立的时候了。具体该怎么做呢?

✦ 学会独立 ✦

独立是孩子慢慢成熟长大的标志,首先当然是自己的事情自己做,培养独立生活能力和自理能力,不依赖别人;增强对事物好坏、对错的是非辨别能力。

✦ 学会换位思考 ✦

与家长进行一次角色互换,自己也不妨做一天家长,从家长的角度看问题,会有什么不一样,从而理解我们的父母,懂得设身处地为别人着想。

✦ 给家长的话 ✦

作为家长应多和孩子沟通,让爱在彼此之间传递,多与孩子微笑,让孩子在和谐的家庭氛围中成长。

动脑大闯关

你能自己独自在家,不做妈妈的"小跟班"吗?看看下面三位同学的表现。

1 涛涛不让妈妈去上班。

2 陈希自己在家看书。

3 小杰送妈妈出门。

我会独立做事

渐渐长大的你,现在能独立完成哪些事呢?请你说一说。

注意事项

做事情要循序渐进,不要急于求成。

训练目的

培养孩子的独立自主意识。

❶ 打扫卫生。
❷ 独自上学。
❸ 洗碗筷。
❹ 自己洗衣服。

独立做事

能力提升

动手实践能力;
生活自理能力。

过期食物不要吃

---学习重点---

**培养饮食安全意识；
学会辨别过期食物。**

早餐奶奶准备了面包和牛奶。

"奶奶，面包过期了！不能吃了！"我拿起面包闻了闻说。

"过期怎么就不能吃，我闻了，没有味道！"奶奶顽固地说道。

"过期吃了会生病的。"我边说边要扔掉。

"不能丢，多浪费啊，我吃，你就别吃了。"奶奶一把将面包抢了回来。

哎，无论我怎么劝，奶奶就是不听，真是个"守财奴"。

专家建议

过期食物中带有大量细菌,很容易诱发胃肠类疾病,因此,过期食物不能吃。

✿ 培养饮食安全意识 ✿

病从口入,要知道发霉、变质的食物是不能够吃的,会影响身体健康,轻者腹泻、呕吐,重者将有生命危险。

✿ 学会辨别过期食物 ✿

我们要吃新鲜的食物,当发现食物表面长了绿毛、黑点或者味道变酸等则不能够食用;此外,购买食物或吃东西前应仔细检查食品包装袋上的生产日期。

✿ 给家长的话 ✿

孩子的饮食健康要放在首要位置。父母要教孩子如何鉴别过期食物,还要定期把冰箱、厨房里的过期食物及时处理掉。

动脑大闯关

下面是三位同学面对过期食品的反应。看看谁的做法是正确的。

1 于科把过期食物收集起来,准备丢掉。

2 洋洋把过期食物吃掉了。

3 吃了过期食物,童心半夜肚子疼。

去超市挑选食物

如果妈妈要求你到超市买一些食物,你会挑选吗?都要注意什么呢?想一想,说一说。

❶ 食材是否新鲜,如蔬果类。
❷ 食品是否过了保质期。
❸ 食品包装袋是否破损。

如何挑选

注意事项
要买必需品,不要浪费。

训练目的
提高孩子的食品安全意识。

能力提升
动手实践能力;
认真观察能力。

学会与别人分享

学习重点

克服独占心理；
学会与人交往。

过年妹妹收到了两百元压岁钱，而我这个"大孩子"，却一分也没有，这时候觉得做小孩子可真好。

"妹妹，把你的钱给哥哥点，好东西要分享的。看，我把苹果给你一半。"说着我把苹果递给妹妹。

妹妹也高兴地递给我一百元钱。

下午我便去玩具店将分享得来的钱全部花光了，妈妈知道后，把我狠狠地批评了一顿。

专家建议

你是独生子女吗?你懂得什么是分享吗?你体会过与别人分享的快乐吗?下面我们就来说说如何学会与别人分享。

✿ 克服独占心理 ✿

很多孩子的独占意识很强,不懂谦让,以自我为中心。因此为克服独占心理,就要学会与人为善,让自己融入集体中,学会与小伙伴们分享快乐。

✿ 学会与人交往 ✿

孩子要克服恐惧心理,勇敢一些,多参加集体活动,并学会与人合作,分担各种任务,这样还能收获很多知心的好朋友。

✿ 给家长的话 ✿

家长要鼓励孩子与家人、同学交往,多与别人交流,和别人分享玩具,分享好吃的食物。这样有利于培养孩子开朗乐观的性格。

动脑大闯关

下图是同学们玩游戏的过程,看看下面两位同学玩游戏时的表现如何呢?

1 小景和好朋友一起玩球。

2 齐齐和大家一起搭积木。

伙伴来我家

家里来了一位和你年纪相仿的小伙伴,你知道该如何招待这位"小客人"吗?

❶ 把客人迎进屋。
❷ 请客人坐下。
❸ 与客人分享美食和玩具。
❹ 谈谈有意思的话题。

招待小客人

注意事项

不要害怕,与客人微笑示好,主动握手等。

训练目的

主动与客人交流,获得分享快乐。

能力提升

与人交往能力;
语言表达能力。

早餐真的很重要

学习重点

按时吃早餐；
吃早餐的重要性。

我给大家讲一个关于邻居家妹妹吃早餐的故事。仔细听好，可能会有点绕。

妹妹吃早餐必须奶奶喂，地点必须是爸爸的车里。每天去幼儿园时，奶奶带上早餐在车里给妹妹喂饭，而妈妈也必须陪同，否则妹妹还是不会吃，当然了，爷爷也得去，因为把妹妹送到幼儿园后，爸爸妈妈去上班，而奶奶自己又找不到回家的路，爷爷这时便充当了奶奶的向导。

哎，每天早上送妹妹是全家最热闹的时候。没办法，早餐真的很重要哦。

专家建议

你们知道吗？不吃早餐会造成营养不良，影响健康和学习。吃早餐很重要，我们一同来学习一下。

按时吃早餐

要按时吃早餐，不能边走边吃，也不要在公交车上吃早餐，这样既不卫生，也不利于消化。俗话说：一日之餐在于晨。

吃早餐的重要性

专家认为：吃早餐不但可以提供营养，还可以增强大脑功能，有利于提高孩子的记忆力，从而提高孩子学习成绩，有利于孩子身心健康。

给家长的话

家长也要按时吃早餐哟！同时要注重孩子早餐的营养搭配，不妨为孩子制订一个早餐小食谱吧。

动脑大闯关

看看下面几位同学谁的早餐吃得最好呢?为他点个赞吧。

1 天明急着去上学,没吃早餐。

2 晓晓吃完早餐,从容去上学。

3 晓菲细嚼慢咽吃早餐。

学做早餐

你会做营养早餐吗?右面有一张早餐清单,不会做的话,可以向妈妈请教。看谁学得又快又好。

❶ 三明治。
❷ 各种米粥。
❸ 鸡蛋、面条。
❹ 面包、牛奶。

早餐清单

注意事项
制作中注意安全。

训练目的
体会妈妈的辛苦;
学会制作简单的早餐。

能力提升
动手动脑能力;
分析理解能力。

饮食讲卫生

学习重点

不干净的食物不要吃；
不喝生水。

叔叔家酷毙了，简直是私人别墅加花园。我和表哥奔向菜园子，表哥摘了一个西红柿给我吃。

"还没洗，怎么吃？"我问道。

"我从来都是不洗就吃！"表哥又递给我。

"不干净，吃了会生病的。"我摇了摇头。

"你们城里人吃的蔬菜都是喷农药的，我家的是绿色的，吃了才不会生病呢！"表哥不服气地说。

我俩争执不休，只好找爸爸评理，爸爸被我俩问糊涂了，说道："你俩说得都对，多吃蔬菜有利于健康！"说完便转身走开了。

专家建议

我们吃东西一定要注意饮食卫生，只有良好的卫生习惯，才能健康茁壮地成长。以下几点建议供同学们参考。

✦ 不干净的食物不要吃 ✦

不论是在城里还是农村种植的瓜果蔬菜，吃前一定要清洗干净，除去上面沾染的病菌或残留的农药，否则可能会染上疾病或引起食物中毒。

✦ 不喝生水 ✦

清澈的水就一定干净吗？答案是否定的，水干净与否，用肉眼是辨别不出来的。清澈的水中也会含有病菌，所以不要喝生水，喝凉开水才安全。

✦ 给家长的话 ✦

在饮食卫生方面，家长平时要做好孩子的监督工作，给孩子做出榜样，纠正孩子不良的卫生习惯，尽量少吃路边小摊的食物。

动脑大闯关

我们要注意饮食卫生,养成良好的卫生习惯。看看这两位同学的表现如何呢?

1 小天吃饭前,仔细洗干净手。

2 苹果没洗,鸿利就直接吃掉了。

监督员

又到同学们最期待的自由活动时间了,大家都带来了自己最喜欢的玩具。正巧这周你是卫生监督员,请先判断同学的行为是否正确?为什么?

注意事项

对于同学不卫生的行为,要委婉规劝。

训练目的

注重饮食卫生,培养良好的饮食习惯。

判断对错

❶ 甜甜太喜欢蛋糕贴纸了,忍不住舔了几口。( )
❷ 达科一边玩泥巴,一边吃面包。( )
❸ 金洋不想把小陀螺给朋友玩,于是藏在了嘴里。( )
❹ 小宇玩完游戏,洗过手,才去吃午饭。

能力提升

监督观察能力;
劝导他人能力。

生食蔬菜不健康

学习重点

生食蔬菜的害处；
不挑食，不偏食。

妈妈是个素食主义者，对我这个肉食动物来说，妈妈的饭真是不合胃口，尤其是"饭包"，那真是妈妈的最爱。

"妈妈，饭包以后不能吃了，吃生的蔬菜不健康，这可是有科学依据的！"我耐心地规劝道。

"小屁孩，懂什么！我还不知道你那点小心思！"妈妈冲我挑了挑眉毛说道。

呃，被发现了！看来真是"魔高一尺，道高一丈"啊！

专家建议

故事中"我"规劝妈妈的意图,当然是想吃肉啦,但是生食蔬菜真的不利于健康吗?

✱ 生食蔬菜的害处 ✱

蔬菜的生长过程离不开肥料,加之普遍使用化肥,蔬菜上面会沾有污染物,所以为了避免疾病的发生,不建议生食蔬菜。

✱ 不挑食不偏食 ✱

过于挑食、偏食,会使孩子的营养供应不上身体的发育,从而导致发育缓慢,头脑甚至也变得不聪明。

✱ 给家长的话 ✱

孩子现在正是长身体的时候,作为家长要合理安排孩子的饮食,多吃一些健康的食物,同时所选用的食材也要保证干净、新鲜,让孩子吃着放心。

动脑大闯关

对于煮熟的蔬菜,下面哪位的态度是正确的?

1 每次妈妈都把蔬菜煮熟了吃。

2 田田不吃煮熟的蔬菜。

3 林志直接吃西红柿。

烹饪技能——焯

一起做游戏 Game

焯水是将原料放在开水锅中加热至半熟或全熟，取出再调味。焯是煮熟蔬菜的一个重要步骤。这种做法简单，还能保留蔬菜的营养，下面请你学习一下，并且试着焯蔬菜。

❶ 焯菠菜。
❷ 焯白菜。
❸ 焯生菜。
❹ 焯西兰花。

待焯蔬菜

注意事项
水温较高，注意安全。

训练目的
学习烹饪技术，锻炼动手能力。

能力提升
提升自理能力；
理解掌握能力。

health

打雷啦

学习重点

室内防护；
户外避雷。

大块头是个十足的胆小鬼，白长那么大，那么胖了。他胆子小得我都不知道说他什么好了。

一天，我们几个伙伴去公园抓蝈蝈，玩了一会儿，天空乌云密布，电闪雷鸣，要下大雨了。打雷谁没听过，下雨谁没见过啊！你看那胆小的大块头吓得趴在草丛里直哆嗦，都不敢出声，我和于洋又不敢喊他，担心蝈蝈吓跑了，最后我们三个都变成了落汤鸡。

专家建议

雷雨天暗藏着很多危险,在户外我们要注意安全,避免遭受雷击,然而在室内同样不可马虎大意。

✿ 室内防护 ✿

打雷时,尽量不要外出;要关好门窗,将家用电器的电源切断,以免损坏电器;也要尽量避免在打雷时接打电话。

✿ 户外避雷 ✿

雷雨天气时,不要接打手机,因为手机的电磁波会引雷;不要在大树下、山上、屋顶等地躲雨,尽量在安全的设有避雷针的建筑物里面躲雨。

✿ 教你一招 ✿

外出突然遭遇雷雨天,当头发出现发硬竖起来时,应该立即蹲下,降低自己的高度,同时将双脚并拢,减少跨步电压带来的危害。

动脑大闯关

雷雨天有许多注意事项,看看下面同学的做法正确吗?为什么?

1 秦风听到打雷,吓得大哭。

2 打雷时,阿宁安静地坐在沙发上。

3 打雷了,阿翔还吵着要看电视。

健康小讲堂

为什么先看到闪电后听到雷声呢?

有的人一定会说,眼睛在前,耳朵在后呗。请注意,这可不是脑筋急转弯。正确的解释为光的传播速度远远大于声音的传播速度。

你听说过"雷人"吗?

你一定会说"雷人"就是某个人被雷击倒了呗。

本义的确是这样,但现在"雷人"有了新的定义,如果你不知道的话,恐怕你就OUT了。

"雷人"的新定义就是出人意料或令人震惊,很无语的意思。

health

不在烈日下玩耍

― 学习重点 ―

烈日的危害；
高温天气注意事项。

"哥们儿，下午我带你去个神秘的地方。"好友王子鸣打电话说。

"什么神秘地方？"我顿时来了精神。

"去了你就知道了。"王子鸣故作神秘。

"可是怎么甩掉那'跟屁虫'呢？"想到他，我的心情就低落了。

"就你那个弟弟啊？我有个办法！今天外面特别热，你带他去楼下踢足球，过一会儿他就会晕倒！把他弄回家让他睡个够。哈哈！"王子鸣帮我出了个主意。

你们说这个办法行吗？是不是有点损呀？

专家建议

故事中的王子鸣没有意识到烈日照射的严重性。要知道烈日往往和高温相伴,长时间在烈日下工作或玩耍,很容易出现中暑症状。

✦ 烈日的危害 ✦

烈日当头,不要在户外停留时间过长,否则皮肤很容易被灼伤,还容易出现中暑等不良反应。

✦ 高温天气注意事项 ✦

高温天气尽量减少出行。如果一定要出门,记得带好遮阳镜和遮阳伞,选择树荫等阴凉地方行走,还要多喝绿豆汤等解暑饮品。

✦ 给家长的话 ✦

家长要告诉孩子不要长时间在烈日下玩耍,多喝水,让孩子了解中暑的症状,知道一些急救措施。

动脑大闯关

烈日当头,看看同学们都在做什么呢?

1 天气炎热,小孟躲在了亭子里。

2 叶林和朋友们在树荫下玩球。

3 小勇在太阳下玩球。

中暑怎么办?

中暑后怎么办?

离开高温环境,寻找阴凉通风处休息。

解开衣服,散发体内热量。

喝一些淡盐水、绿豆汤、酸梅汤等帮助解暑。

若情况没有好转,要及时就医。

中暑的症状

❶ 满脸通红。

❷ 头晕眼花。

❸ 恶心乏力。

❹ 胸闷心悸。

❺ 大汗口渴等。

health

肚脐的重要性

学习重点

认识肚脐的作用；
保护肚脐。

邻居家的阿姨怀孕了，那肚子跟爸爸的有一拼，像个啤酒桶。"阿姨肚子里有个小生命，就像你当初在妈妈肚子里一样。"妈妈陶醉地说。

"我在您肚子里待了多久？"乐乐问道。

"怀胎十月才生下你！"妈妈骄傲地说。

"那么久，不得把我饿死啊！"乐乐可怜地说。

"你通过脐带吸收我的营养啊！好吃的都被你吃了。"妈妈撇撇嘴说。

"不是给你留了嘛，听外婆说，你怀我的时候胖了30斤呢！"乐乐不服气地回道。

妈妈："……"

专家建议

好有爱的一对母子啊!原来脐带的作用这么大!那么如何保护好我们的肚脐呢?我们一起来学习一下吧。

✿ 认识肚脐的作用 ✿

宝宝在母体内是靠肚脐吸收营养的;
内脏需要靠肚脐获得更多的氧气;
肚脐还和很多神经相连。

✿ 保护肚脐 ✿

你知道吗?肚脐是最怕着凉的。一旦着凉,会引发腹泻等肠胃疾病。所以我们不要穿露脐装,睡觉要盖好小肚子,同时也不要抠肚脐,避免细菌感染。

✿ 给孩子的话 ✿

保护好自己的小肚脐,就是保卫自己的健康。只有健康的体魄才能更好地学习,更好地玩耍,你说对吗?

动脑大闯关

同学们平时都有好好保护自己的肚脐吗?看看这三位同学是怎么做的吧。

1 小唐洗澡时用手抠肚脐。

2 姚洋睡觉时,用被子把肚脐盖好。

3 小史衣服扣子没系好,肚脐露在外面了。

保护小肚脐

肚脐着凉应对措施

增加衣物,注重腰部保暖。

用手在肚脐周围顺时针或者逆时针轻揉。

局部热敷。

吃中药缓解症状。

针灸或者艾灸治疗。

专家小贴士

肚脐着凉虽然不是大毛病,不过会让人很不舒服,生活中还是应该以预防为主,要多注意平时的衣着和行为习惯。

health

户外运动

学习重点

多进行户外运动；
户外运动注意安全。

我带妹妹去户外做运动。"妹妹，你学着哥哥的样子，围绕着这个圆形的黄线跑。"我边说边比划着。

"哥哥，你在后面追我！"妹妹认真地对我说。

"好，你跑快点哦！"我边追边督促着。趁妹妹不注意，我赶紧跑到好友约好的地点。我才不愿意和女孩子玩呢！我和好友玩了一上午遥控车后，回家竟然发现妹妹还没回来。

我赶紧去广场找，妹妹看见我，连忙大喊："哥哥，我等你追我呢！"我的心里不免有些愧疚了。

专家建议

故事中的哥哥太顽皮了,这点可不值得学习。跑步是一项放松身心、有益于身体健康的体育运动,既省钱又见成效,值得推荐。

❋ 多进行户外运动 ❋

多进行户外运动的孩子身体棒,有利于孩子的生长发育;

多进行户外运动的孩子更聪明,有助于开发孩子的智力。

❋ 户外运动注意安全 ❋

进行户外活动要注意安全,孩子在选择运动项目时要量力而行,在安全地点玩耍,最好有大人陪同。

❋ 给家长的话 ❋

多和孩子进行户外运动,有利于增强亲子感情。推荐几种操作性强的户外运动:如跑步、放风筝、荡秋千、跳皮筋、打篮球、踢足球等。

动脑大闯关

下面图中同学的行为哪个是正确的?请你判断一下。

1 外面刮大风,邱明急忙跑进屋里。

2 大家在老师的带领下做早操。

3 金金和同学在草地上踢球。

领操员

做一天小小领操员。看，有一些同学动作不标准，需要你去认真纠正他们的动作。

❶ 胡天做操，手臂不伸直。
❷ 朝阳东瞧西看不做操。
❸ 亮亮跟不上节奏。

待纠正动作

注意事项

纠正错误动作时，语气要委婉，动作轻柔，不能蛮横。

训练目的

认真做体操，多做户外运动。

能力提升

与人沟通能力；
观察监督能力。

碳酸饮料危害大

学习重点

了解碳酸饮料的危害；
养成爱喝水的好习惯。

为了惩罚王子彤给我打小报告，早上我特意吃了两瓣大蒜。

老师正在讲课，"王子彤，王子彤，哈……"我故意把嘴凑到她跟前，边说话边冲她吹气。

"什么味道，臭死了！老师，老师！"王子彤举起手，捏着鼻子说道。

我急忙拿起可乐，咕咚咕咚地一饮而尽。

"李佳明，你在做什么？"老师问我。

"我，我，我喝饮料。"我一边说，嘴里一边冒泡泡。

专家建议

碳酸饮料没有什么营养,经常饮用还会影响身体健康。究竟碳酸饮料有哪些危害呢?

✦ 碳酸饮料的危害 ✦

喝碳酸饮料易造成肥胖,损伤牙齿,降低免疫功能,影响孩子消化,还易患肾结石。

✦ 养成爱喝水的好习惯 ✦

当孩子口渴时,家长要鼓励孩子多喝水,要对孩子讲解多喝水的好处,促使孩子养成爱喝水的好习惯。

✦ 给孩子的话 ✦

碳酸饮料虽然好喝,但会伤害身体,为了能健康成长,孩子们一定要少喝,尽量不喝碳酸饮料。

动脑大闯关

看看下面两位同学都在喝什么呢?谁喝的健康呢?

1 晨晨想喝汽水。

2 小辰和欣欣等着喝鲜榨果汁。

揭秘碳酸饮料

碳酸饮料的成分

碳酸饮料的主要成分包括：碳酸水、柠檬酸等酸性物质、白糖、香料，有些含有咖啡因、人工色素等。

碳酸饮料有营养吗？

要知道碳酸饮料中除糖类能补充人体热量外，充气的碳酸饮料几乎没有任何营养成分可言。

碳酸饮料饮用要有"度"

碳酸饮料中含有二氧化碳，可以起到杀菌、抑菌的作用；它还能通过蒸发带走体内热量，达到降温作用。因此它是夏季人们的解暑饮品。万事都有利有弊，所以在饮用时一定有个"度"，适量饮用。

不宜吃生鸡蛋

学习重点

吃生鸡蛋的害处；
吃熟鸡蛋。

姐姐爱臭美，总爱弄什么泥啊，鸡蛋啊，往脸上涂，说这叫面膜。

我也学着姐姐，将一个鸡蛋打碎装到碗里，放点面粉，搅和一下，递给了姐姐。

"这是什么啊？别捣乱！"姐姐不耐烦地说。

"面膜啊，这可是有神奇美白功效的！"说完我就拿"面膜"往姐姐脸上涂。

姐姐气得直喊妈妈。妈妈问道："佳明，你干什么呢？"

"嘿嘿，吃鸡蛋啊！"我拿起面膜就往嘴里放。

专家建议

鸡蛋因为含有丰富的蛋白质而颇受家长和孩子喜爱，但却不宜生吃，生吃鸡蛋害处大。让我们一起来看看。

✿ 吃生鸡蛋的坏处 ✿

吃生鸡蛋既不卫生，也不易于消化。生鸡蛋容易被沙门菌和寄生虫卵污染，生吃易产生呕吐、腹泻，引起消化不良等问题。

✿ 吃熟鸡蛋 ✿

鸡蛋煮熟或烹调后吃，要注意时间，掌握火候，半生不熟的鸡蛋吃后也不利于身体健康。

✿ 给家长的话 ✿

鸡蛋虽然是营养价值很高的食物，但一定要熟了之后再吃。鸡蛋有多种烹饪方法，要调出不同的口味，这样孩子能更爱吃。

动脑大闯关

我们一定要注意饮食健康,看看下面谁吃鸡蛋的方法最健康。

1 晓阳蘸着生鸡蛋汁吃面包。

2 妈妈帮乐乐煎鸡蛋。

3 齐齐偷吃没熟的鸡蛋。

鸡蛋烹饪大全

你喜欢吃鸡蛋吗？用不同的烹饪手法制作，鸡蛋可以更美味。请你尝试右侧鸡蛋的不同做法，做一顿美味的鸡蛋大餐吧。

❶ 清水煮鸡蛋。
❷ 番茄炒鸡蛋。
❸ 鸡蛋糕。
❹ 油煎鸡蛋。

烹饪鸡蛋

注意事项
烹饪时注意安全。

训练目的
学习烹饪技能，了解鸡蛋的不同做法。

能力提升
动手能力；
学习能力。

危险的大家伙

学习重点

远离大动物；
爱护动物。

老师说下午带我们去动物园。一听这话，我们"调皮捣蛋三人组"就来了兴趣。

我们三个急忙跑到仓买买了三个水枪，准备下午帮动物园里的动物们洗个冷水澡，哈哈！

尤其是老虎，都说老虎屁股摸不得，那我们用水枪喷总没问题了吧？

专家建议

孩子们在参观动物园时,应与大型动物保持距离,保证自己的安全很重要。

✦ 远离大动物 ✦

孩子在饲养和观看动物时,要与其保持距离,不要做随意喂食、挑逗动物等危险动作,以免惹怒它们,使自己受到伤害。此外动物身上还有很多病菌,更不宜与动物近距离接触。

✦ 爱护动物 ✦

我们对待动物,要像对待自己的朋友一样,爱护它们,保护它们。那些用石子、棍子敲打动物的做法都是不道德的行为。

✦ 给孩子的话 ✦

孩子可以通过科普书籍或是电视节目,以此来加深对动物的认知,不仅丰富自己的头脑,还能培养自己的爱心。

动脑大闯关

在动物园里,看看几位同学是如何对待动物们的?谁的做法最安全、最文明呢?

1 小西把手伸进笼子里摸老虎。

2 曲曲在笼子外和狮子打招呼。

3 小米骑在安全围墙上看鳄鱼。

动物园探险

动物园里来探险,几位同学要遇到危险了。这时你该怎么办呢?

危险情况
❶ 田林离老虎笼子太近。
❷ 杨明扔石子打狮子。
❸ 宁涛要翻过防护栏,去看动物。
❹ 子轩想去抓小猴子。

注意事项
劝导时,要把危险后果讲清楚。

训练目的
安全文明地参观动物园。

能力提升
观察判断能力;
语言表达能力。

health

美丽背后的危险

> 学习重点

**安全燃放烟花爆竹；
文明过新年。**

放鞭炮时，我的手不小心被炸坏了。我那几个好朋友都赶到医院看我。我真有面子。

"伤得严重吗？疼吗？"哥几个关切地问道。

"不疼，一点都不疼，就像蚊子咬了一下。"我咬着牙说。

"小帅，放鞭炮耍帅，所以才炸伤了手吗？"马大哈笑嘻嘻问道。

"谁耍帅了，一时大意，大意懂不？"我敷衍着说。他们几个听了都撇了撇嘴。

"嗯，是这样的，我想炸坏了右手，正好不用写字了。"我编了个理由补充说道。大家顿时无语了。

专家建议

你知道怎样安全燃放烟花爆竹吗?你知道烟花爆竹对人们有哪些危害吗?

✸ 安全燃放烟花爆竹 ✸

尽量不让孩子与烟花爆竹接触;放鞭炮要远离人群和易燃物;不要自己燃放大型爆竹;更不要用手拿着燃放;放鞭炮、看放鞭炮时要有大人陪同。

✸ 文明过新年 ✸

燃放烟花爆竹容易使空气受到污染,为此可以考虑采用低碳、环保的方式来庆祝新年,比如:燃放电子爆竹、播放一些喜庆音乐等。

✸ 给家长的话 ✸

孩子燃放烟花爆竹时,家长一定要在身边指导、监督,不然易炸伤手、眼等,还会引发火灾。

动脑大闯关

新年到,放鞭炮!看看下面三位同学放鞭炮时的动作行为是否安全呢?

1 小义放鞭炮时,离得远远的,用引燃棒点燃。

2 小放手拿着烟花燃放。

3 点燃的烟花灭了,小庆走到跟前去查看。

找出"危险分子"

每逢新年,各地都会燃放烟花爆竹,右面几位同学燃放烟花爆竹的行为是否安全?找出谁是"危险分子"。

注意事项

进一步了解如何正确燃放烟花爆竹。

能力提升

增强记忆能力;
观察思考能力。

找出危险分子

❶ A 同学手拿烟花点燃。
❷ B 同学远距离观看烟花。
❸ C 同学把点燃烟花扔向路人。
❹ D 同学燃放烟花时附近有易燃易爆物。
❺ E 同学近距离观看烟花。
❻ F 同学让爸爸帮助点燃爆竹。

正确选玩具

学习重点

如何挑选玩具；
学会自制玩具。

包小龙就是个吹牛大王。一天，他把一个"大黄蜂"——变形金刚拿到了学校，还自称是国外进口货。

"什么破玩意，拿来让我瞧瞧！"我一把抢了过来。

"这可是我姑姑从国外给我买的。"包小龙神气地说。

"哈哈，真是进口货，瞧，上面还有英语made in china。"我冲着包小龙直笑。

包小龙不好意思了，抢回大黄蜂就跑了。

专家建议

事实就是最好的。很多玩具也很"虚假",它们外表好看,但却存在着一定的安全隐患,很容易给孩子带来伤害。挑选玩具应该注意什么呢?

如何挑选玩具

在挑选玩具时,首先要看好玩具的外形,不宜选择外表坚硬、边角不规则的玩具;其次,还要看玩具的材质,是否有刺鼻的味道,以防孩子在玩耍时,身体产生不适,甚至出现中毒的现象。

自制玩具

孩子可以在家长的指导下动手制作一些简单的玩具,这样既能培养孩子的动手能力,又能增强亲子感情。

给家长的话

对孩子而言,最重要的是家长的陪伴,家长应抽出时间多陪孩子,多和孩子一起玩耍。

动脑大闯关

玩具多种多样,如何挑选到适合自己的玩具,真是一个难题,看看其他同学是如何做的吧。

1 小柔选中了一只可爱小兔子玩偶。

2 茂茂请妈妈帮她一起选玩具。

选玩具

根据不同情况，帮助朋友们选择合适的玩具，将朋友和所选对应的玩具用线连接起来，并说说为什么。

训练目的

学会如何挑选玩具。

能力提升

区分整合能力；
分辨思考能力。

注意事项

根据不同人的需求和喜好来选择不同的礼物。

连线题

❶ 女同学小晴	外语翻译器
❷ 男同学李刚	全套芭比娃娃
❸ 小朋友涛涛	遥控小飞机
❹ 外国人汤姆	益智积木

恶作剧要不得

学习重点

不搞恶作剧；
团结友爱。

今天我开生日"party"，班长鲍晓不请自来了。鲍晓爱多管闲事，她是老师跟前的红人，是我们这些调皮捣蛋的"扫把星"。

"鲍班长，鲍女士，为了表示对你到来的诚意，请你干了这杯。"我满脸堆笑地说。

"这是什么？"鲍晓疑惑地问。

"饮料，要一饮而尽啊！"我边说边亲自倒进了她的嘴里。

"这是什么破玩意，又辣又酸！"她一顿咳嗽。

"哈哈，这是我调的鸡尾酒——醋、柠檬、芥末加水。"我幸灾乐祸地说。

专家建议

与人相处贵在真诚,不要搞一些恶作剧,吓唬、伤害别人,这是非常不友好的行为,这样的孩子也不会得到大家的喜欢。

✱ 不搞恶作剧 ✱

搞恶作剧是十分幼稚的行为。不要因自己的一时得意痛快,而给其他人带来伤害。设身处地想,如果别人对你搞恶作剧,你是什么反应呢?

✱ 团结友爱 ✱

与人相处时,要学会善待别人。不要拉帮结伙,不要在背后诋毁他人,同学之间要团结友爱、互相帮助,当有了矛盾时要积极化解,不要报复,甚至伤害他人。

✱ 给孩子的话 ✱

做一个有爱心的孩子,学会关心爱护你的家人和同学,你会交到更多的朋友,收获更纯真的友谊。

动脑大闯关

下面几位同学的做法,哪位同学在团结友爱方面表现得好呢?

1 畅畅往同学的桌子上扔沙子。

2 小劲帮同学系鞋带。

3 肖阔往同学的书包里塞虫子。

爱心诚意大考验

看看右面几位同学的行为，是否有爱心？是否有诚意呢？你应该怎样劝导他们呢？

注意事项

注意语言的运用，不要激化矛盾。

训练目的

懂得友爱他人，善待他人；学会多角度地思考问题，解决问题。

如何劝导下列行为？

❶ 小秦答应把玩具借给同学，却拿着玩具不放手。
❷ 可可推倒了别人，却不道歉，也不把人扶起。
❸ 天奇不听别人说话，一直在自己说个不停。
❹ 侯森将肥皂包在糖纸里，准备拿给妹妹吃。

均衡膳食身体棒

学习重点

合理饮食结构；
纠正挑食偏食。

今天趁妈妈不在家，我用我的私房钱，买了好几袋薯片，我要大吃一顿。平时妈妈总不让我吃这些小食品，吃饭还说不要挑食，要营养均衡。

我也来个营养均衡，各种味道都买一袋，泡菜味，原味，辣味，咸口，番茄……

一顿胡吃海塞，嘴里都不知道是什么味道了。也许这些薯片性格不合，在我肚子里一顿大战，有的可能是失败了，想逃走，一顿往上反胃。最后，我终于"哇……"

专家建议

薯片作为零食,虽然味道不错,但是营养价值却不高,多吃甚至会对身体造成伤害,影响健康。

✦ 合理饮食结构 ✦

真正的合理饮食结构有助于刺激食欲,有利于孩子的营养消化和身体健康。营养均衡,合理搭配,少吃油炸食品,才能聪明伶俐,身体健康。

✦ 纠正挑食偏食 ✦

挑食和偏食,会使营养失衡,影响体重和身高,还会降低免疫力,易生病,还会影响智力发育,害处多多。

✦ 给家长的话 ✦

孩子正是长身体的时候,家长在孩子饮食上要多注意营养搭配,可以通过阅读相关书籍或电视节目,努力让自己成为一个"优秀的家庭营养师"。

动脑大闯关

看看下面三位同学,谁的饮食习惯好呢?

1 洋洋爱吃零食,不愿吃饭。

2 王刚不吃米饭,只吃菜。

3 彤彤每天按时吃饭。

我当厨师

请你根据原料清单里面的内容，做一顿营养均衡、丰盛美味的午餐，记得和家人一起分享哦。

❶ 大米、馒头。
❷ 牛肉、猪肉。
❸ 菠菜、豆芽。
❹ 辣椒、洋葱。

原料清单

注意事项
烹饪要在大人指导、监督下进行；
注意安全。

能力提升
食物烹饪能力；
动手动脑能力。

训练目的
了解美食制作过程；
增加对食物兴趣。

吃饭"三不"宜

学习重点

太冷太热不宜；
睡前半夜不宜；
太快太慢不宜。

我正要进入甜美的梦乡，忽然一阵"窸窸窣窣"的声音把我吵醒了。我溜出房间，看到爸爸正在厨房吃泡面。

"哼！平时不让我吃，自己却偷着吃。有了，哈哈……"我心生一计。

趁爸爸去卫生间洗脸，我把所有的方便面都吃掉了。然后迅速溜回自己的房间。

后来我听见爸爸自己嘟囔着："面谁吃了？儿子睡觉了，一定是小美干的。"要问小美是谁？是我妈妈呗。

专家建议

半夜吃夜宵，不利于胃部消化，长此以往，会影响身体健康。饮食中要注意的问题很多，下面我们再来说几点。

✦ 太冷太热不宜 ✦

太冷的食物要少吃，如冰棍吃多会引起消化不良或腹泻；

太热的食物要吹一吹，慢吃，否则会烫伤口腔或食道。

✦ 睡前半夜不宜 ✦

临睡觉前和半夜时不要吃东西，这样不利于消化，会造成胃部负担，也影响睡眠质量。

✦ 太快太慢不宜 ✦

吃饭时不要过快，要注意细嚼慢咽，这样有助于消化；当然也不能太慢，甚至是边玩边吃，这样饭菜凉了，会使胃肠不舒服，引起腹泻。

动脑大闯关

下面是几位同学饮食的片段,请你观察一下,谁做得好,值得表扬呢?

1 天明没吃完饭,就跑出去玩。

2 林林睡觉前不吃东西。

3 从冰箱里拿出来的水,林洋直接喝。

吃饭姿势

你吃饭时是什么姿势呢?右面是几位同学习惯的吃饭姿势,这些姿势正确吗?为什么?请你来分析、判断一下。

❶ 杨明坐着吃饭。( )
❷ 陈新站着吃饭。( )
❸ 田明蹲着吃饭。( )
❹ 小西边玩边吃。( )

判断对错

训练目的

挺直腰背吃饭,有利于胃消化。

能力提升

判断是非能力;
观察理解能力。

health

清洁卫生很重要

学习重点

饭前洗手；
食物、餐具要卫生；
不吃掉在地上的食物。

吃饭时，我不小心把筷子掉在了地上。

"给你！"爷爷捡起来往衣服上擦了擦，递给我。没想到被妈妈看见了。

"爸，筷子掉地上了，洗洗再用！往衣服上擦多不讲卫生啊！"妈妈说。

"没事，地上也不脏，我刚擦完地。"爷爷觉得有点没面子。

"那也不行啊！"妈妈不依不饶地说。

"怎么不行，我们那个年代都这样，也没生病。"说完爷爷生气地回自己房间了。

大家说一说，妈妈和爷爷到底谁说得对呢？

专家建议

筷子掉到地上,要用清水洗干净再用,妈妈的说法是对的;但妈妈对爷爷说话语气过于生硬,是不可取的。保持清洁卫生很重要,我们从以下几点来说明。

✱ 饭前洗手 ✱

吃饭前要记得洗手,这样可以清洗掉手上沾染的细菌,防止"病从口入",保护身体健康。

✱ 食物、餐具要卫生 ✱

食物和餐具都要干净卫生,才能放心食用和使用,否则会引起恶心腹泻、肠胃不适或其他疾病。

✱ 不吃掉在地上的食物 ✱

掉在地上的食物会沾染灰尘和细菌,不宜再次食用,要知道把细菌吃到肚子里面很容易生病。

动脑大闯关

下面是三位同学吃东西的小片段,请你看一看,他们都注意清洁卫生了吗?

1 乐乐把勺子掉在地上,捡起来继续使用。

2 面包掉在地上,王琦捡起来扔掉了。

3 苹果掉在地上,小勇捡起来接着吃。

饮食卫生监督员

生活中,你能否注意食物及餐具的清洁卫生呢?不妨做一回饮食卫生的监督员,看看遇到右面情况,你会如何处理呢?

❶ 饭勺不小心掉在了地上。
❷ 想吃薯片,可是家里停水了,没法洗手。
❸ 从树上刚摘下来的苹果,直接能吃吗。
❹ 饭菜没夹住,掉在了桌子上。

待处理的情况

注意事项

学会具体情况具体分析,懂得随机应变。

能力提升

随机应变能力;
思考分析能力。

训练目的

进一步了解清洁卫生的重要性。

写字姿势有讲究

学习重点

写字姿势小口诀；
保护眼睛。

"弟弟，你写字的姿势不正确，怎么歪着身子，趴着写呢！应该是这样的。"我边说边做示范给弟弟看。弟弟也认真地学着我的样子去做。可是学了好几遍，弟弟还是做得不对。

"你怎么那么笨！"我打了一下弟弟的手背，生气地说。

"好疼啊，我不学了！"弟弟也不干了。

"妈妈教我的时候就是这样，学不会就要挨罚！"我振振有词地说。

"哼，这是体罚，我去告诉老师去！"弟弟哭着跑了出去。

专家建议

写字姿势很重要,故事中"我"应该有耐心地教弟弟,而不是"打手背"。下面我们来学习正确的写字姿势。

✹ 写字姿势小口诀 ✹

挺直身体不弯腰,手离笔尖一寸远,眼距纸面一尺远,胸离桌子一拳远。按照小口诀,就能摆出标准的写字姿势。

✹ 保护眼睛 ✹

眼睛很重要,看书、写字都靠它。用眼时间长了,要记得让它休息休息。有一双明亮的双眼,才能更好地看世界。

✹ 给孩子的话 ✹

只有正确的写字姿势,才能练就出美观的字体,写一手好字会让你终生受益。

动脑大闯关

看!那几位同学在全神贯注地写字呢,可是他们的写字姿势正确吗?请你判断一下。

1 小强趴着写字。

2 陈刚握笔时,手指离着笔尖很近。

3 叶广歪着身子写字。

我是督导员

自习课上,同学们都在认真地写着作业,有几位同学写字的姿势是不正确的,请你给他们纠正姿势。

以下是同学们的写字姿势:
❶ 姚飞眼睛都快贴在本子上了。
❷ 孟奇手离笔尖三寸远。
❸ 齐林趴在桌子上写字。
❹ 浩轩挂着下巴写字。

训练目的

随机应变,采取不同的劝导方式纠正同学的写字姿势。

能力提升

与人沟通能力;
社会交往能力。

肩膀上的书包

---学习重点---

双肩背包；
昂首挺胸。

"爷爷，我的书包太沉了，你帮我背一下。"我对爷爷说。

"这书包怎么这么重？"爷爷接过书包，皱了皱眉问道。

"当然了，这回你知道当学生有多难了吧！"我可怜地回答。

爷爷爱抚地摸了摸我的头，我趁热打铁、小心翼翼地问爷爷："那回家我先看会喜羊羊，放松一下可以吗？"

"好吧，不过，等你妈下班就赶紧关了。"爷爷爽快地答应了我。

我心里偷笑：哈哈，"装可怜"这个方法可真有效。

专家建议

尽量自己背书包,如果书包比较重,能否把暂时不用的书放在学校或家里呢?我们今天来学习一下如何正确背书包。

✲ 双肩背包 ✲

双肩背包能够使身体受力均衡,分散身体受到的压力,单肩背包会使压力集中在一边肩膀,不利于成长时期的身体。

✲ 昂首挺胸 ✲

背书包时,要抬头挺胸,因为后背放平能够缓解疲劳,同时还能体现良好的精神面貌。

✲ 给家长的话 ✲

孩子背书包时,若姿势不正确,需要家长及时指导,形成良好习惯,以免日后造成弯腰驼背。

动脑大闯关

上学路上,这三位同学背书包的姿势各有不同,谁做得对,请你为他点赞。

1 洋洋弓着腰背着书包。

2 天天用手拎着书包。

3 西西抬头挺胸背书包。

背书包大比拼

我们将开展"背书包大比拼"活动,看看谁的背书包姿势最正确呢?快来点评一下吧。

❶ 选手小天:书包重,还是请妈妈帮着拎吧。

点评:人太懒。小天同学你妈妈来比赛呀?

结论:直接淘汰。

❷ 选手梅田:背着漂亮的单肩包。

点评:包很美。但时间长了,会不会一肩高,一肩低呀?

结论:淘汰。

❸ 选手王欣:驼着背,弯着腰背书包。

点评:姿势太丑。年纪轻轻就成"老头"了。

结论:淘汰。

❹ 选手田亮:昂首挺胸地背着双肩书包,嘴里哼着歌。

点评:完美。姿势正确,精神面貌非常好。

结论:第一名非他莫属。

health

做事要有责任感

── 学习重点 ──

做事认真负责；
遇到困难要勇敢。

学校组织爬山，爬了一会儿，我实在累得走不动了，更何况还背了一个大书包。

李浩看见我累得直喘，便对我说："我来帮你拿书包。"

我十分感动，连声说谢谢。

"谢啥，我可是班长，照顾班级同学是我的责任哦。"李浩语气坚定地说。

我几乎感动得热泪盈眶了，班长啊，班长我为你点N个赞！以后值日一定不迟到了，还有按时交作业……

专家建议

我们也要为李浩点赞,他是一个很有责任感的好班长。我们也要向他学习。如何培养责任心呢?

✦ 做事认真负责 ✦

自己的事情自己做,做事情要认真负责,不要有头无尾。要懂得承担责任,同时学会帮助家人和朋友分担事情。

✦ 遇到困难要勇敢 ✦

遇到困难或做错事,不要逃避、躲闪,要勇敢地去面对,积极主动地解决困难,让我们的内心变得坚强起来。

✦ 给家长的话 ✦

在孩子成长过程中,培养责任心是必不可少的阶段。家长不要过度溺爱而阻止孩子自己处理事物,这样不利于孩子心理成长。

动脑大闯关

自己的事情自己做,遇到困难不畏缩,我们一起来看看下面两位同学的表现。

1 杨洋学习系鞋带。

2 房间乱了,美林自己整理房间。

勇敢不逃避

你是一个有责任感的人吗?面对右面场景,你能做到勇敢不逃避吗?

训练目的

做事情要认真负责,勇于承担责任,做了错事,更不要逃避。

❶ 撞掉了其他同学的文具盒。
❷ 大家选我做体育委员。
❸ 值日总迟到,老师批评了我。

场景设置

能力提升

勇敢担当能力。

health

自信乐观

— 学习重点 —

树立自信心；
调整好心态。

妈妈最近考驾证，总被教练批评。

妈妈是个要强的人，一向自信满满的她，突然没了自信，认为自己很笨。最近几天，心情十分低落。

该怎样帮助妈妈呢？哈哈，我想到了一个好办法。今天上学前，我偷偷给妈妈留了一个纸条：

积极开朗又乐观，烦恼忧愁丢一边。

自信努力不要忘，快乐微笑好榜样。

怎么样，写得还不错吧。

专家建议

一个人积极乐观的表现就是能够自己调节情绪,并且积极鼓励他人。要知道积极乐观的心态有益于身心成长。

✦ 树立自信心 ✦

树立自信心,相信自己,不要自卑,不要自暴自弃,勇于正视困难,接受挑战,勇往直前。不要怕失败,尽到自己最大努力就好。

✦ 调整好心态 ✦

每个人不是在任何时候都能保持积极、乐观、自信的良好心态,我们要学会适时调整自己,把不好的情绪排出,积极乐观地面对生活。

✦ 给家长的话 ✦

家长要多关注孩子的成长,善于观察他们的情绪变化,及时与孩子沟通,替他们分忧解难,鼓励他们多参加集体活动,树立自信心。

动脑大闯关

下面三位同学的表现,谁表现得乐观自信呢?

1 白杨相信自己是最棒的。

2 陈飞开心地和朋友们一起玩球。

3 杨明情绪低落,不愿与人说话。

集体活动策划者

集体活动有利于养成积极乐观的性格，你经常参加哪些集体活动？试着组织右面的集体活动，说一说你将怎样策划呢？

❶ 组织跳集体舞。
❷ 组织合唱队。
❸ 组织大家郊游。
❹ 组织朗诵比赛。

组织活动

训练目的

锻炼自己的组织能力，宣传积极参加集体活动的重要性。

能力提升

语言表达能力；
策划组织能力；
自身领导能力。

胖的罪魁祸首

---学习重点---

甜食易肥胖；
甜食易形成蛀牙。

我有个妹妹，叫胖妞，呵呵！她真够胖的，两条腿之间都没有距离了。我最担心的是她哪天两条腿长到一起，可怎么走路。嘿嘿，这当然是开玩笑的啦。

我问妈妈："妹妹怎么变得这么胖？"

妈妈告诉我，妹妹从小就特别爱吃甜食，而且她一心情不好就得吃好多甜食。原来是这样啊，我说她怎么总吵吵牙疼呢！所以呀，我们千万要少吃甜食。

专家建议

摄入过多的甜食不仅会引起肥胖,而且还会产生蛀牙。下面我们就一起学习一下多食甜食的坏处。

✦ 甜食易肥胖 ✦

大量的甜食易导致肥胖,造成行动笨拙,渐渐地孩子会不愿意参加活动,影响身心健康。

✦ 甜食易形成蛀牙 ✦

吃过多的甜食,还会长蛀牙,所以要尽量控制甜食的摄入量。要知道洁白健康的牙齿,才能吃饭香,身体棒。

✦ 给家长的话 ✦

甜食味道虽好,但多吃却不利于健康成长。控制自己适量吃甜食,培养自控能力。

动脑大闯关

下面两位同学对于甜食的态度截然相反,谁的态度对呢?请你说一说。

1 张亮吃完糖,又开始吃冰激凌。

2 王琦劝小伙伴少吃甜食,多吃蔬菜水果。

关于甜食的知识问答 健康小讲堂 Game

❶ 你知道哪些甜食呢？请举例说明。

答：糖、巧克力、奶油蛋糕……

❷ 甜食的危害有哪些？

答：产生蛀牙、肥胖、缺钙……

❸ 如何防止摄入过多的甜食？

答：提高自控能力、家长多提醒……

❹ 甜食有哪些好处？

答：补充身体能量，刺激神经中枢，让人更加快乐……

health

危险动作请勿模仿

学习重点

危险动作不模仿；
做生活中的真英雄。

一天，我穿上超人的衣服，刘威穿上蜘蛛侠的衣服，我们决定一决高低。好友武博当观众，负责为我俩呐喊助威。

"蜘蛛侠，你敢从窗户上爬到楼顶吗？"我挑衅地说。

"超人，你等着瞧。"说完，刘威还真抓着窗户扶手往上爬，谁知道刚爬了一会儿，便掉了下来，腿摔得动不了了。

"武博，快打120啊。"我急得大喊。武博被吓傻了，连忙说："等，等一下，我打114查查120电话是多少。"

专家建议

电影里的超级英雄是夸张想象出来的产物，他们飞檐走壁是特技效果，我们是无法做到的。千万不要模仿，否则后果不堪设想。

✷ 危险动作不模仿 ✷

影视剧中那些飞檐走壁、脚踩尖刀的能人，有的通过特效虚构，有的是经过特殊训练过的，我们千万不要模仿，否则会有生命危险。

✷ 做生活中的真英雄 ✷

很多英雄都是平凡无奇的普通人：他们见义勇为，无私救助贫困儿童，长年照顾孤寡老人……他们是真英雄，值得我们去学习。

✷ 给孩子的话 ✷

现阶段，孩子们的任务就是做一个有责任心、努力学习、助人为乐的好孩子。

动脑大闯关

同学们,拿出笔画出你的心中的英雄形象吧。